Dinosaurios por diseño

LOS DINOSAURIOS BLINDADOS

CLASIFICACIÓN POR VELOCIDAD, FUERZA E INTELIGENCIA

MARK WEAKLAND

BLACK RABBIT BOOKS

Bolt es una publicación de Black Rabbit Books
P.O. Box 227, Mankato, Minnesota, 56002.
www.blackrabbitbooks.com

Jennifer Basel, editora;
Catherine Cates, diseñador del interior;
Grant Gould, diseñador del exterior;
Omay Ayres, investigación fotográfica
Traducción de Travod, www.travod.com

Información del Catálogo de publicaciones de la Biblioteca del Congreso
Names: Weakland, Mark, author.
Title: Los dinosaurios blindados : clasificación por velocidad, fuerza e inteligencia / por Mark Weakland.
Other titles: Armored dinosaurs. Spanish
Description: Mankato, Minnesota : Black Rabbit Books, [2020] | Series: Bolt. Dinosaurios por diseño | Audience: Age 8-12. | Audience: Grade 4 to 6. | Includes bibliographical references and index.
Identifiers: LCCN 2018053535 (print) | LCCN 2018056533 (ebook) | ISBN 9781623102180 (ebook) | ISBN 9781623102043 (library binding)
Subjects: LCSH: Dinosaurs--Juvenile literature. | Armored animals--Juvenile literature.
Classification: LCC QE861.5 (ebook) | LCC QE861.5 .W354218 2020 (print) | DDC 567.914--dc23
LC record available at https://lccn.loc.gov/2018053535

Créditos de las imágenes

Alamy: Mohamad Haghani, 14–15; dinosaurpictures.org: Mariana Ruiz, Cover (dino); Masato Hatori: 11; Science Source: José Antonio Peñas, 6–7; Kurt Miller, 22–23; Shutterstock: 90miles, 21; Catmando, 20, 32; Herschel Hoffmeyer, 4–5 (ambos), 24 (dino); Kiarnight, 29 (Anquilosaurio); Michael Rosskothen, 16–17; Mirco Vacca, 1; mr.Timmi, 29 (Estegosaurio y Edmontonia); Naz-3D, 31; Quick Shot, Cover (fondo); Warpaint, 3, 8, 9, 24 (fondo); SuperStock: Stocktrek Images, 12, 19, 27

CONTENIDO

CAPÍTULO 1

HERBÍVOROS resistentes

Un dinosaurio **blindado** mastica una planta. De repente, aparece un enorme carnívoro. Sus largos y afilados dientes emiten un sonido al chocar entre sí. Pero el dinosaurio blindado no huye. En cambio, intenta lanzar un golpe con su peligrosa cola. Sus afiladas púas no se ven deliciosas.

Los dinosaurios blindados no necesitaban escapar de los **depredadores**. Gruesas placas de hueso cubrían sus cuerpos. Estos animales no eran fáciles de comer.

Los dinosaurios se desarrollaron en diferentes momentos. Ellos evolucionaron en diferentes ambientes. Estas diferencias hicieron que algunos tuvieran colas con garrotes o púas, mientras que otros no.

Grandes y pesados

Los dinosaurios blindados vivieron hace unos 170 a 65 millones de años. Eran grandes y pesados. Muchos se arrastraban lentamente con sus cortas y poderosas patas. Estar tan cerca del suelo les ayudaba a proteger sus suaves vientres. Los depredadores los atacaban, pero sus dientes afilados sólo se encontraban con huesos duros.

GRUPOS DE DINOSAURIOS BLINDADOS

Los dinosaurios blindados se pueden ubicar en dos grupos. Cada grupo tiene características diferentes.

ANQUILOSAURIO

púas en la espalda

placas en la piel

cráneos redondos

patas cortas y robustas

colas con garrote (muchos de ellos)

ESTEGOSAURIO

CAPÍTULO 2

Comparemos a los

Edmontonia

Este dinosaurio vivió en los bosques de lo que hoy es Norteamérica. Si un depredador saltaba sobre él, sus **resistentes** patas lo empujaban con fuerza hacia atrás. De sus hombros sobresalían púas afiladas. Con **encogerse de hombros** bastaba para que el carnívoro recibiera un bocado de puntas dolorosas.

Algunos científicos creen que el Edmontonia hacía sonidos como bocinazos.

Los dinosaurios blindados pasaban sus días pastando. Algunos podrían haber viajado en manadas.

Polacanto

Es fácil darse cuenta de por qué el nombre de este dinosaurio significa "muchas espinas". El Polacanto se movía lentamente. Un depredador rápido podría haberlo alcanzado fácilmente. Pero, ¿qué carnívoro querría tener que masticar esas púas?

Euoplocéfalo

Los científicos han encontrado muchos **fósiles** de Euoplocéfalo. Su cola tenía un gran garrote de hueso. Este dinosaurio habría azotado su cola. Ese movimiento habría forzado a los enemigos a huir.

DATOS DESTACADOS

LONGITUD	16 a 20 PIES (5 a 6 M)	COLA CON GARROTE
PESO	alrededor de 4.000 LIBRAS (1.814 KG)	SÍ

LÍNEA DE TIEMPO DE LOS DINOSAURIOS BLINDADOS

ANQUILOSAURIO
hace unos 74 a 67 millones
de años
EDMONTONIA
hace unos 73 a 70 millones
de años
TALARURUS
hace unos 99 a 89
millones
de años
EUOPLOCÉFALO
hace unos 71 a 68 millones
de años
100
80
60

Estegosaurio

Como muchos dinosaurios blindados, el Estegosaurio era enorme. Su cuerpo era del tamaño de un camión. Pero su cerebro era pequeño. Para derrotar a los carnívoros inteligentes, el Estegosaurio desarrolló placas protectoras y púas. No podía vencer a los depredadores siendo más astuto. Pero podía protegerse con su armadura.

El Estegosaurio tenía un cerebro del tamaño de una naranja.

Kentrosaurio

Se encontraron fósiles de Kentrosaurio en la zona de lo que actualmente es África. Este dinosaurio agitaba su gruesa cola. Usaba sus púas para apuñalar. El depredador que fuera apuñalado no querría seguir luchando.

Anquilosaurio

El Anquilosaurio fue uno de los dinosaurios blindados más grandes. Era como un tanque viviente. No tenía armas ni misiles, pero sí tenía una cola con garrote mortal. Y tenía mucha armadura. Incluso sus párpados estaban protegidos.

¿Qué tipo de dinosaurio podría haber atacado al Anquilosaurio? El Tiranosaurio rex estaba vivo en ese momento. También estaba vivo el feroz Tarbosaurio. Pero tendrían que haber estado muy hambrientos para enfrentarse a un dinosaurio bien blindado.

Talarurus

Los científicos han encontrado fósiles de Talarurus en lo que hoy es Asia. Un grupo de huesos hacía que su cola fuera puntiaguda. Tenía placas puntiagudas a lo largo de la espalda y el cuello. Este dinosaurio no podía correr rápido, pero podía girar rápidamente para atacar con su cola.

CAPÍTULO 3

Supervivencia con

Los dinosaurios blindados eran herbívoros (se alimentaban de plantas) y se movían lentamente. Vivieron en la Tierra durante millones de años. Para sobrevivir, desarrollaron armaduras que protegían sus cuerpos. Tenían púas y garrotes. Y tenían patas y colas fuertes. Pueden haber sido lentos, pero eran poderosos.

¡COMPÁRALOS!

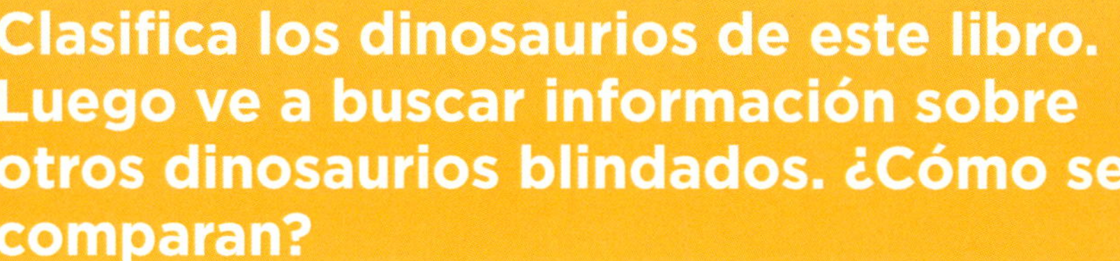

Clasifica los dinosaurios de este libro. Luego ve a buscar información sobre otros dinosaurios blindados. ¿Cómo se comparan?

PESO

alrededor de 8.000 libras (3.629 kg)

LIBRAS

9.000
8.000
7.000
6.000
5.000
4.000
3.000
2.000
1.000
0

Anquilosaurio

NO

Edmontonia
Kentrosaurio
Polacanto
Estegosaurio

SÍ

Anquilosaurio
Euoplocéfalo
Talarurus

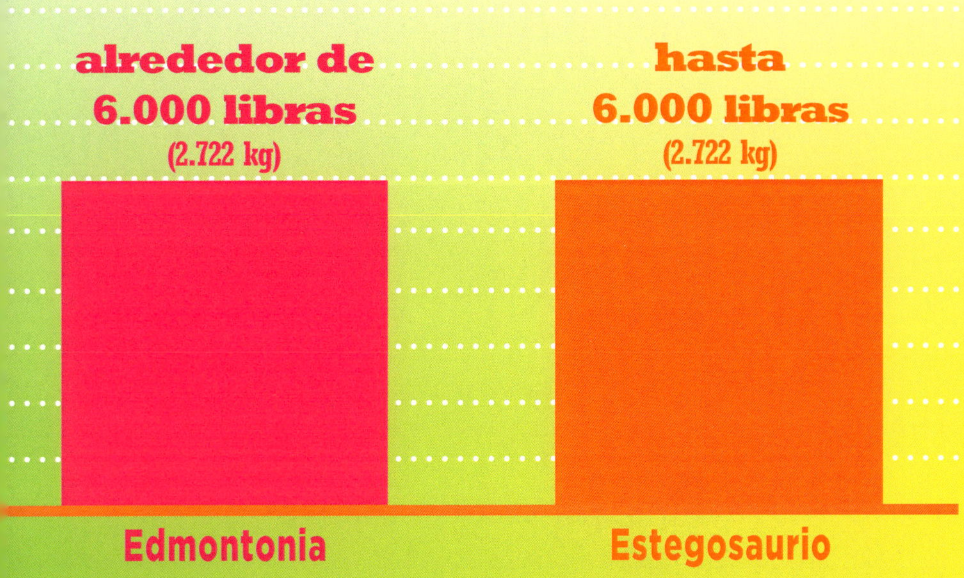
alrededor de
6.000 libras
(2.722 kg)
hasta
6.000 libras
(2.722 kg)
Edmontonia
Estegosaurio

LONGITUD

Estegosaurio
hasta 30 pies
(9 m)

Anquilosaurio
23 a 30 pies
(7 a 9 m)

Edmontonia
13 a 23 pies
(4 a 7 m)

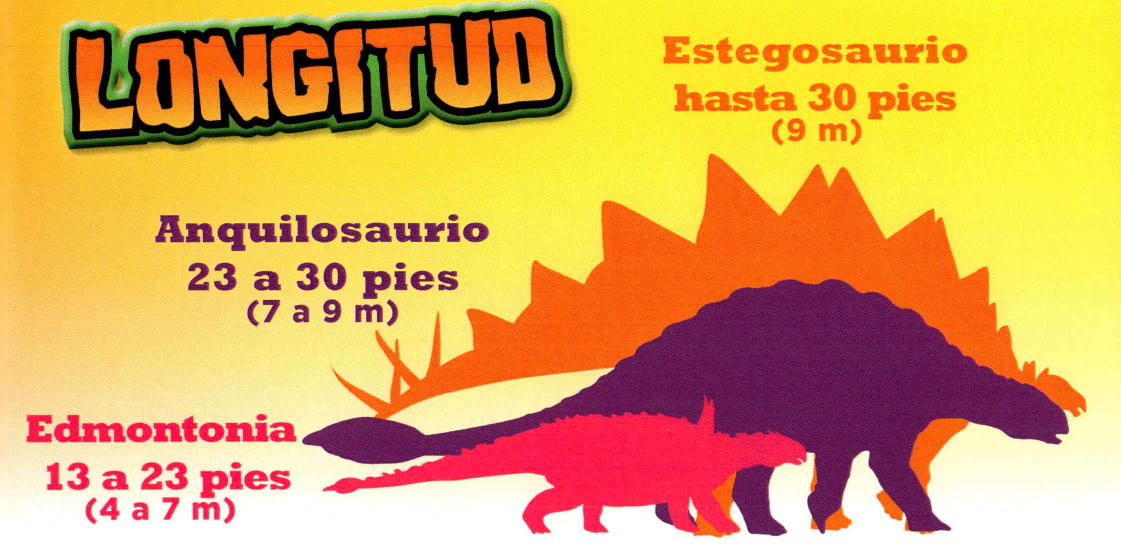

blindado: que cuenta con una capa exterior protectora

depredador: un animal que se come a otros animales

encogerse de hombros: levantar o meter hacia adentro los hombros

evolucionar: ir cambiando lentamente

fósil: los restos o rastros de plantas y animales que se conservan en forma de roca

pastar: alimentarse de pasto o hierbas en crecimiento

resistente: fuerte y saludable

robusto: grande, redondeado y voluminoso

ser más astuto: vencer a alguien o algo siendo más inteligente

ÍNDICE